Na na Ne

nu

Nu ne

no Ni

No ni

En el molino sonó el piano del mono Nuno:

«Do, mi, sol, la».

El sonido se oía desde el salón.

Emi leía un poema de la Luna.

«A la Luna el sapo

dos deseos le pidió:

dame un pelo de lana,

dámelo esta semana».

¡Noooo! Pupa en la mano de Nuno.

¡Una pena!

—¡Duele! ¡Me duelen los dedos!

—Emi, dame la pomada.

Pepo puso la pomada en los dedos del *mono* Nuno.

Olía a *limones*.

La mano sanó.

¡Menos mal!

piano

molino

luna

mo**no**

limo**ne**s

la**na**

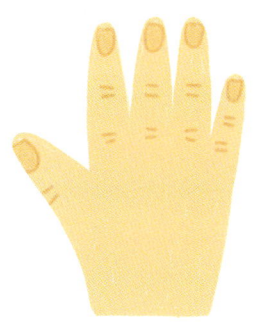

ma**no**

COLECCIÓN LEER MOLA

Aprende a leer con Pepo y Emi.
Vive 25 aventuras diferentes. Suma letras en cada libro
y, al completar la colección, verás que… **¡leer mola!**

1- Pepo (P)

2- Emi (M)

3- ¿Polo? (L)

4- El oso Suso (S)

5- La diadema de Miau (D)

6- El mono Nuno (N)

7- Animales famosos (F)

8- El estofado está listo (T)

9- La rana René (R)

10- El morro de Rufo (RR)

11- El pantalón del abuelo (B)

12- Viva la nieve (V)

13- ¿Pulga o gigante? (G)

14- La oveja tiene un piojo (J)

15- La carrera (C)

16- Batalla de reyes (LL Y)

17- ¡Qué karaoke! (Q K)

18- Un huevo en el jardín (H)

19- Muchos charcos (CH)

20- Ideas en la cabeza (Z)

21- Una araña en el baño (Ñ)

22- Un show en México (W X)

23- Exploramos el planeta
(BL CL FL GL PL TL)

24- Una sorpresa para Frida
(BR CR DR FR GR PR TR)

25- Un pingüino distinguido
(GUE GUI GÜE GÜI)

Con material
complementario
para jugar y
aprender.

Entre nubes y cuentos

9 788412 822960

LEER MOLA

Lectura progresiva

25

GUE GUI GÜE GÜI

UN PINGÜINO DISTINGUIDO

ANA MEILÁN
SILVINA EDUARDO

Entre Nubes y Cuentos

COLECCIÓN LEER MOLA
UN PINGÜINO DISTINGUIDO (GUE GUI GÜE GÜI)

© del texto, Ana Meilán & Silvina Eduardo, 2024
© de las ilustraciones, Silvina Eduardo, 2024
Corrección: Vanessa Rodríguez

ISBN: 978-84-129236-5-0
Depósito legal: LU-131-2024
Primera edición: septiembre 2024
Impreso en España

Impreso en papel certificado por FSC®
procedente de una gestión forestal
sostenible y responsable con el medio ambiente.

www.entrenubesycuentos.com